Peter

Betsan

1...2...3...
Ble wyt ti?

Roco

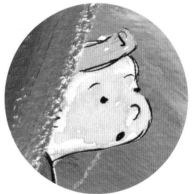

Iolo

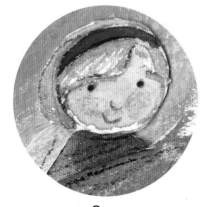

Sara

Adam

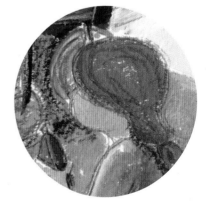

Zee

1

3

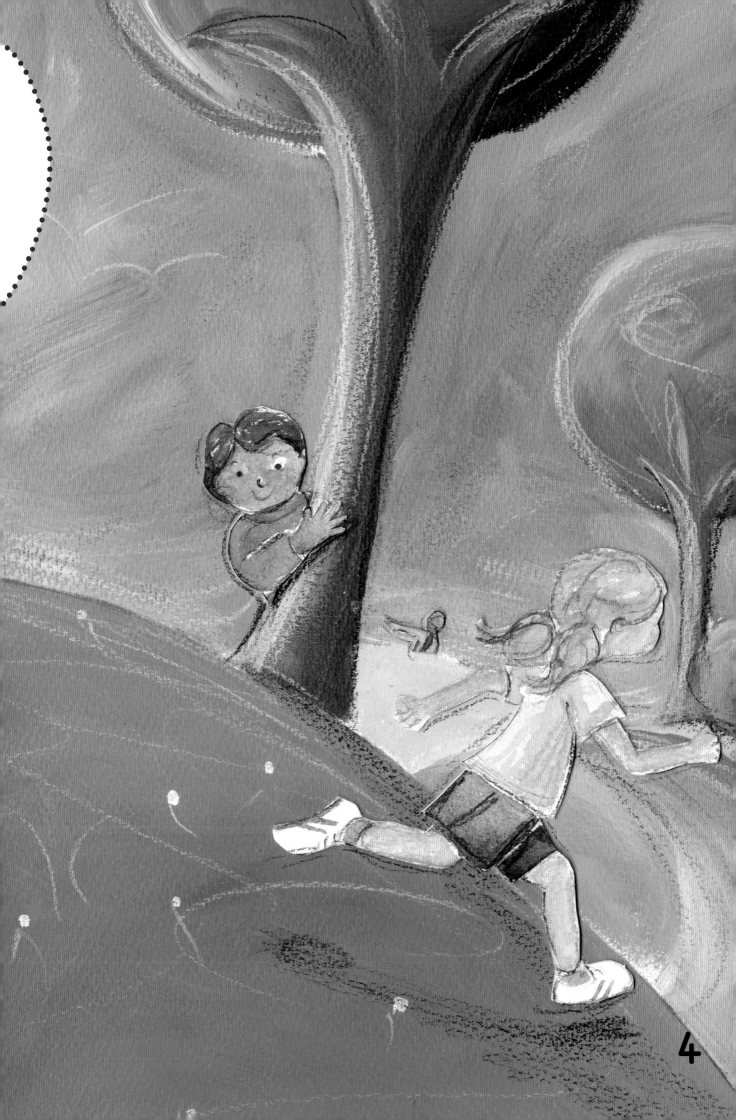

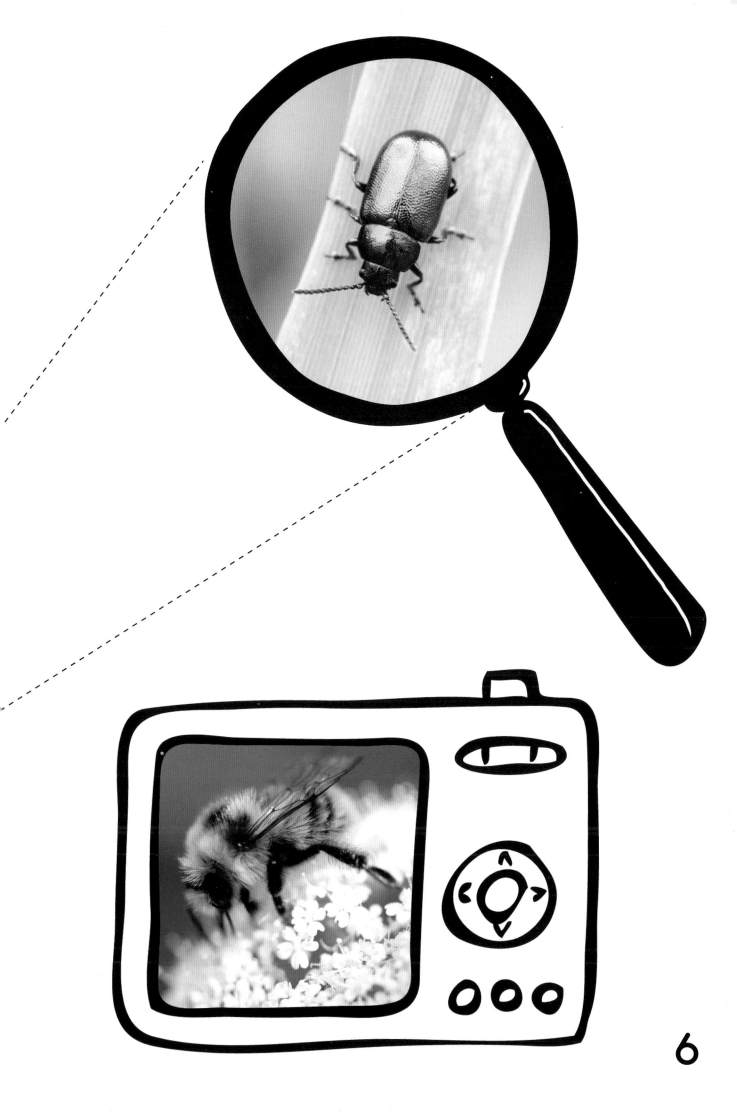

8

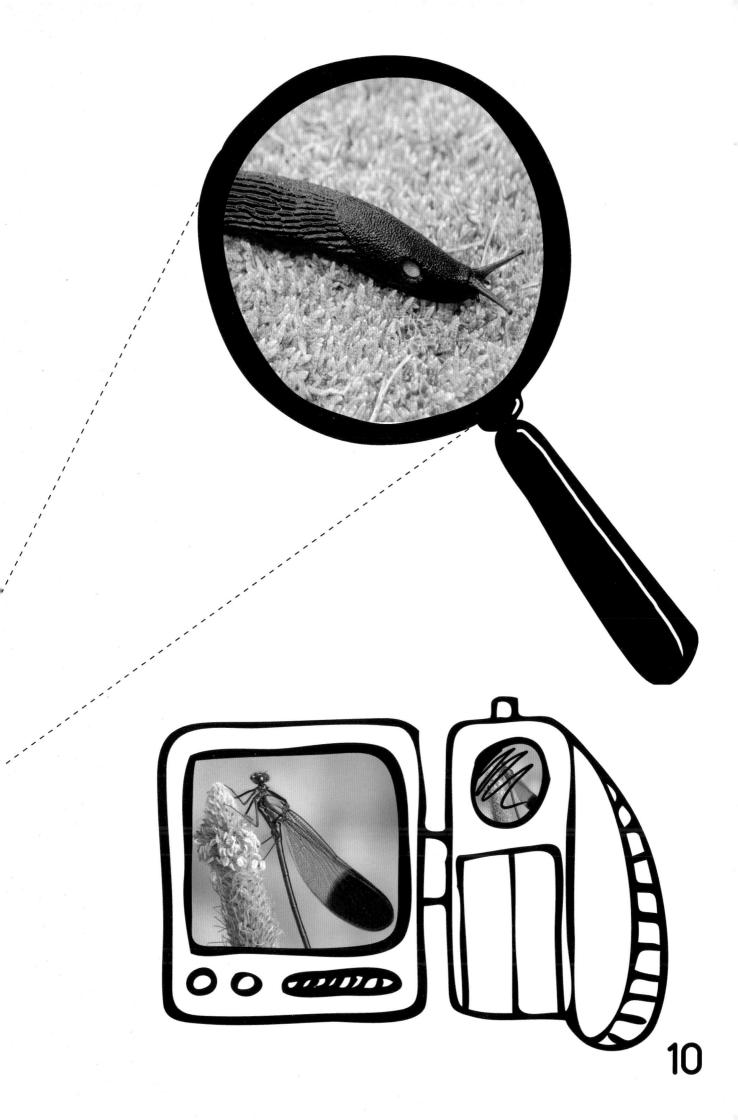

11

12

17

Geirfa

buwch goch gota

chwilen werdd

cacynen

dryw

ceiliog rhedyn /
sioncyn y gwair

gwas y neidr

gwlithen

neidr y gwair

gwyfyn

pry copyn /
corryn

llyffant

pryf genwair /
mwydyn